안상홍, 하나님의 교회에 묻는 21가지 질문

신원호 저

KB190663

목 차

1. 어떻게 안상홍이 하나님이 되는가? ·········· 9

2. 유월절이 새 언약인가? ····················· 15

3. 하나님은 아버지 하나님과 어머니 하나님이 있는가? 21

4. 장길자는 성령의 신부요, 하늘어머니요,
    새 예루살렘이요, 여자 하나님인가? ··········· 26

5. 장길자를 통하여 구원이 이루어지는가? ········ 32

6. 유월절을 지켜야 구원을 얻는가? ·············· 34

7. 안식일을 지켜야 구원 얻는가? ················ 36

8. 시대별로 구원자가 따로 있는가? ·············· 40

9. 안상홍이 멜기세덱의 반차로 왔는가? ··········· 42

10. 어떻게 안상홍이 보혜사(保惠師)가 될 수 있는가? ·· 44

11. 어떻게 안상홍이 성부 하나님이요, 예수님이요, 재림
    예수요, 보혜사 성령이 동시에 될 수 있다는 것인가? 47

12. 성경이 말하는 구름이 육신인가? ·············· 49

13. 예수님의 재림과 강림이 다른 것인가? ·········· 52

14. 하나님의 교회는 시한부종말론자들인가? ········· 56

15. 십자가는 우상인가? ······················· 58

16. 크리스마스는 지켜서는 안 되는 날인가? ········· 61

17. 생명책은 하나님의 교회에만 있는가? ··········· 64

18. 안상홍의 이름으로 세례를 주고, 안상홍의 이름으로
    기도하라고 하였는가? ······················· 66

19. 동방의 의인은 안상홍인가? ··················· 70

20. 예배 시 수건을 써야만 하는가? ················ 73

21. 안식일이 "주의 날"인가? ···················· 76

서문

안상홍 하나님의 교회에 대한 책은 내지 않으려고 했다. 사람을 하나님
이라고 하니, 너무 어처구니가 없고, 다룰 가치가 없다고 생각했기 때문
이다. 그러나 노방전도를 하면서 너무나 많은 안상홍 하나님의 교회 전
도자들을 만나게 되었다. 옛날에는 여호와의 증인들이 많았는데, 요즘
들어 그 자리를 안상홍 하나님의 교회가 차지한 것 같이 보일 정도이다.

그들은 너무나 자신 있게 전도를 한다. 자신들만이 구원 받은 성도인
양 대담하게 전도를 하였다. 이들을 가만 두어서는 안 된다는 의분이 타
올랐다. 더 나아가서 이들을 구해 내어야 하겠다는 의협심까지 들었다.
그래서 하나님의 교회 교역자를 만나 수 시간의 토론을 한 내용과 여
러 서적을 참고하여, 안상홍 하나님의 교회 전도책자를 만들게 되었다.

이 책은 간단하면서도 현장에서 실지로 사용할 수 있는 내용으로 되어
있다. 누구든지 이 책을 숙지하여 질문하면 어렵지 않게 그들을 전도할 수
있을 것이다. 바라기는 이 땅에 이단에 빠져 있는 불쌍한 영혼들이 이 책
자를 통하여 돌아오게 되기를 기도한다.

작은 종 신원호

안상홍은 누구인가?

안상홍은 1918년 1월 13일 전북 장수군 계남면 명덕리에서 태어나서, 1947년 7월 안식교에 입교하였고, 1948년 12월 16일 안식교의 이명덕 목사에 의해서 침례를 받았다.

1953년 안상홍은 진리를 깨달았다며, 재림시기를 주장하는 '시기파' 운동에 참여했다가 1962년 3월 17일 안식교로부터 출교를 당했다. 이후 안상홍은 23명의 교인과 함께 안식교를 탈퇴하여, 1964년 4월 28일 부산에서 '하나님의 교회 예수증인회'를 창설하였다.

그는 천주교와 개신교의 주일, 크리스마스, 추수감사절, 십자가 등은 성경에 근거하지 않은 이교도의 가르침이므로 기념하거나 행하여서는 안되며, 성경에 근거한 안식일, 유월절, 오순절, 초막절 등 새 언약의 절기를 지켜야 한다고 주장하였다. 그리고 안상홍은 자신을 '육신을 입고 온 하나님', '재림예수', '보혜사 성령' 등으로 가르치기 시작하였다.

안상홍은 1985년 2월 25일 부산의 한 식당에서 식사 중에 뇌졸증을 일으켜, 67세의 나이로 사망하였다.

안상홍 사망 후, 그의 추종자들은 1985년 3월 22일 본부를 부산에서 서울로 옮겨, 단체명을 '하나님의 교회 안상홍증인회'로 개칭하였으며, 지금은 '하나님의 교회 세계복음선교협회'로 개칭하여 사용하고 있다.

제 1 문 어떻게 안상홍이 하나님이 되는가?

하나님의교회에서 하나님으로 믿는 안상홍씨

안상홍 하나님의 교회에서 안상홍이 하나님인 증거를 네 가지로 들고 있다.

첫째, 안상홍이 다윗의 위로 와서 예수님이 못다 이룬 37년을 완성했다는 것이다.

이들의 주장을 들어보자.

"예수님께서 어떻게 해서 다윗의 왕위 역사 40년이 이루어질 것인가? 예수님은 30세에 침례를 받으시고, 겨우 3년 동안 실지 교훈으로 행하시고, 복음을 전하시며, 온 인류의 죄 값으로 속죄 제물로 십자가에서 희생되심으로 육신사업이 3년으로 끝마치셨다. 40년 역사가 겨우 3년으로 끝났으니, 나머지 37년을 어떻게 처리해야 할 것인가? 이 37년이 마지막 때에 암행어사로 나타나셔서 37년 복음사업을 행하게 됨으로 40년의 예언이 성취될 것이다. 다윗왕의 40년 역사는 예언이 되어 예수님께서도 역시 육체로 오셔서 40년을 채우셔야 완전한 예언 성취가 된다" ("하나님의 비밀", 안상홍, 97쪽).

둘째, 안상홍이 멜기세덱의 반차로 왔다는 것이다.

아브람 당시 떡과 포도주로 복을 빌어준 사람이 멜기세덱이요, 신약에 예수님이 오셔서 떡과 포도주로 복을 빌어주셨으며, 마지막 때도 말씀이 육신이 되어 멜기세덱의 반차로 오셔서 새 언약의 유월절 떡과 포도주로 생명을 주신 분이 안상홍이기 때문이라는 것이다.

이들의 주장을 들어보자.

"멜기세덱 당시에 떡과 포도주로 복을 빈 사람은 멜기세덱뿐이었으며, 신약에도 떡과 포도주로 복을 빌어 주신 분은 오직 예수님뿐이었다. 오늘날 유월절에 떡과 포도주로 제사 드려 생명을 이어받는 교회는 오직 우리 교회뿐이다" ("하나님의 비밀", 안상홍, 162쪽).

"마지막 때에도 말씀이 육신이 되어 멜기세덱의 반차로 오셔서 우리 가운데 거하시게 되니, 새 언약의 유월절 떡과 포도주로 생명을 주시게 됐다" ("하나님의 비밀", 안상홍, 164쪽).

이들의 주장은 주후 325년에 유월절 떡과 포도주를 폐지함으로 1600년 동안 구원 얻지 못하는 세상에, 안상홍이 다시 육을 입고 오셔서 유월절 떡과 포도주를 마시게 하여 구원을 얻게 하였으니, 안상홍이 재림주요, 하나님이란 것이다.

셋째, 안상홍이 잊혀 진 새 언약 유월절을 가지고 왔기에 하나님이라는 것이다.

A.D 325년 콘스탄틴에 의해 유월절이 폐지됨으로 1600년 동안 구원 얻는 사람이 끊어졌는데, 안상홍이 이 새 계명을 알림으로 구원이 시작되었다는 것이다.

넷째, 요한계시록 14장 2절에 안상홍의 이름이 나온다고 한다.

"내가 하늘에서 나는 소리를 들으니 많은 물소리와도 같고 큰 우렛소리와도 같은데 내가 들은 소리는 거문고 타는 자들이 그 거문고를 타는 것 같더라" (계시록 14:2)

이들의 주장에 의하면 "많은 물소리 같고"의 "많은 물은" 홍(洪, 큰물 홍)이요, "내게 들리는 소리는 거문고 타는 자들의 거문고 타는 것 같더라"의 "거문고 소리"와 관계된 상(商), 그리고 어린양이신 예수님이 안식일(安息日)의 주인이시니, 여기에서 안(安)자를 가져오면 안상홍(安相洪)이 나온다고 말한다.

▶ 비판
첫째, 다윗의 왕위 40년은 예수님의 사역과 아무런 관계가 없다.

안상홍 측은 안상홍이 30세에 세례를 받고 67세에 죽으므로, 예수님이 못다 채운 37년을 채웠으니 재림의 주라고 주장하나, 이는 성경에 근거가 없는 억지주장이다.

성경에 예수님의 사역이 다윗 왕처럼 40년에 마치리라는 예언은 없다. 그리고 그들의 주장대로 37년을 계산한다해도 맞지 않는 말이다. 안상홍이 안식교에서 13년을 있다가 출교를 당했으니, 하나님의 교회에서 그가 한 사역은 24년에 불과하다.

둘째, 예수님의 속죄사역은 미진한 사역이 아니라, 완성된 사역이다.

＊ 이미 구약에 이렇게 예언하고 있다.

"그가 찔림은 우리의 허물 때문이요 그가 상함은 우리의 죄악 때문이라 그가 징계를 받으므로 우리는 평화를 누리고 그가 채찍에 맞으므로 우리는 나음을 받았도다" (이사야 53:5).

"네 백성과 네 거룩한 성을 위하여 일흔 이레를 기한으로 정하였나니 허물이 그치며 죄가 끝나며 죄악이 용서되며 영원한 의가 드러나며 환상과 예언이 응하며 또 지극히 거룩한 이가 기름 부음을 받으리라" (다니엘 9:24).

"만군의 여호와가 말하노라 내가 너 여호와 앞에 세운 돌을 보라 한

돌에 일곱 눈이 있느니라 내가 거기서 새길 것을 새기며 이 땅의 죄악을 하루에 제거하리라"(스가랴 3:9).

* 예수님이 속죄의 사역이 완성되었음을 선포하셨다.

"예수께서 신 포도주를 받으신 후에 이르시되 다 이루었다 하시고 머리를 숙이니 영혼이 떠나가시니라"(요한복음 19:30).

"예수께서 다시 크게 소리 지르시고 영혼이 떠나시니라. 이에 성소 휘장이 위로부터 아래까지 찢어져 둘이 되고 땅이 진동하며 바위가 터지고 무덤들이 열리며 자던 성도의 몸이 많이 일어나되"(마태복음 27:50~52).

* 여러 성경저자가 예수님의 속죄사역은 영원한 속죄요, 완성임을 말하고 있다.

"염소와 송아지의 피로 하지 아니하고 오직 자기의 피로 영원한 속죄를 이루사 단번에 성소에 들어가셨느니라"(히브리서 9:12).

"이 뜻을 따라 예수 그리스도의 몸을 단번에 드리심으로 말미암아 우리가 거룩함을 얻었노라"(히브리서10:10).

"그가 거룩하게 된 자들을 한 번의 제사로 영원히 온전하게 하셨느니라"(히브리서 10:14).

"그 길은 우리를 위하여 휘장 가운데로 열어 놓으신 새로운 살 길이요 휘장은 곧 그의 육체니라"(히브리서10:20).

"그리스도께서도 단번에 죄를 위하여 죽으사 의인으로서 불의한 자

를 대신하셨으니 이는 우리를 하나님 앞으로 인도하려 하심이라 육체
로는 죽임을 당하시고 영으로는 살리심을 받으셨으니" (베드로전서
3:18).

셋째, 새 언약 유월절 교리는 하나님의 교회의 핵심교리이니, 따로 두 번째 질문에서 다루도록 하겠다.

넷째, 안상홍의 이름이 계시록 14:2절에 있다고 주장하는 것은 너무나 가엽고 불쌍한 마음마저 든다.

이들의 말대로 그 말씀이 안상홍을 가리킨다고 치더라도, 성경은
예수님에 대하여 예언할 때 이렇게 감추어서 예언하지 않았다. 그리고
계시록 14:2절의 내용은 아직 이루어지지 않은 미래의 사건이다. 계
14:1절을 보면 "또 내가 보니 보라 어린 양이 시온산에 섰고 그와 함
께 십사만 사천이 서 있는데" 라고 하였다. 예수님이 재림하시어 시온
산에 섰다고 말하고 있다. 일어나지도 않은 일에다가 억지로 안상홍을
맞추고 있는 것이다.

제 2 문 유월절이 새 언약인가?

유월절 성회를 인도하는 김주철 총회장

안상홍 하나님의 교회에 있어 유월절은 핵심교리이다. 이들의 주장을 들어보자.

"멜기세덱 당시에 떡과 포도주로 복을 빈 사람은 멜기세덱뿐이었으며, 신약에도 떡과 포도주로 복을 빌어 주신 분은 오직 예수님뿐이었다. 오늘날 유월절에 떡과 포도주로 제사 드려 생명을 이어받는 교회는 오직 우리 교회뿐이다" ("하나님의 비밀", 안상홍, 162쪽).

"마지막 때에도 말씀이 육신이 되어 멜기세덱의 반차로 오셔서 우리 가운데 거하시게 되니, 새 언약의 유월절 떡과 포도주로 생명을 주시게 됐다" ("하나님의 비밀", 안상홍, 164쪽).

이들은 누가복음 22;20절의 "이 잔은 내 피로 세우는 새 언약이니"라는 말씀을 근거로 이 "새 언약"은 "유월절"을 말하며, 유월절을 지켜야 구원을 얻는데, 주후 325년 니케아 종교회의에서 유월절이 공식 폐지됨으로 1600년 동안 구원받는 사람이 끊어졌는데, 안상홍이 이 잊혀진 유월절을 가지고 와서 생명을 주게 되었으니, 재림예수라는 것이다. 그리고 이 유월절을 지키는 교회가 참 교회요, 구원이 있다고 말하고 있는 것이다.

▶ 비판
첫째, 절기와 월삭과 안식일은 예수님의 그림자로, 예수님이 오심으로 성취되었다.

구약의 유월절의 어린 양은 신약의 유월절 양으로 오셔서 희생하실 예수님을 예표하는 그림자였다. 예수님은 유월절 양으로 오셔서 당신의 피로 속죄 사역을 이루셨다.

그런데 안상홍 하나님의 교회는 유월절을 강조하므로, 다시 그림자로 돌아가고 있는 것이다.

> "그러므로 먹고 마시는 것과 절기나 초하루나 안식일을 이유로 누구든지 너희를 비판하지 못하게 하라 이것들은 장래 일의 그림자이나 몸은 그리스도의 것이니라" (골로새서 2:16~17).
> "너희는 누룩 없는 자인데 새 덩어리가 되기 위하여 묵은 누룩을 내버리라 우리의 유월절 양 곧 그리스도께서 희생되셨느니라" (고전 5:7).

둘째, 초대교회에서 유월절을 지킨 내용이 없으며, 복음으로 살다가 날과 달과 절기와 해를 지키면 율법 안에서 구원을 받겠다는 것이므로, 수고한 것이 헛되게 된다고 하였다.

"너희가 날과 달과 절기와 해를 삼가 지키니 내가 너희를 위하여 수고한 것이 헛될까 두려워하노라" (갈라디아서 4:10~11).

"내가 하나님의 은혜를 폐하지 아니하노니 만일 의롭게 되는 것이 율법으로 말미암으면 그리스도께서 헛되이 죽으셨느니라" (갈라디아서 2:21).

"또 하나님 앞에서 아무도 율법으로 말미암아 의롭게 되지 못할 것이 분명하니 의인은 믿음으로 살리라 하였음이라" (갈라디아서 3:11).

"율법 안에서 의롭다 함을 얻으려 하는 너희는 그리스도에게서 끊어지고 은혜에서 떨어진 자로다" (갈라디아서 5:4).

셋째, 새 언약은 유월절이 아니라, 성찬예식이다.

안상홍 측은 누가복음 22:20절에 나오는 "새 언약"은 유월절이요, 이를 지켜야 구원을 얻는다고 한다. 그러면 이 "새 언약"이 "유월절"을 가리키는 말인가? 아니다.

누가복음 22:15절에 "내가 고난을 받기 전에 너희와 함께 이 유월절 먹기를 원하고 원하였노라" 하였으니, 이 "새 언약"은 바로 유월절이라는 주장이다. 그러나 이는 맞지 않는 말이다. 예수님은 유월절 양으로 오셔서 십자가에서 유월절 양으로 속죄 사역을 완성하셨다.

"우리의 유월절 양 곧 그리스도께서 희생되셨느니라" (고린도전서 5:7).

예수님은 유월절에 양을 잡아 피를 바르고, 그 고기를 온 가족이 먹음 같이, 유월절 양으로 죽으시는 자신을 상징하는 떡과 포도주를 가지고 "새 언약"이라고 하셨다.

"저녁 먹은 후에 잔도 그와 같이 하여 이르시되 이 잔은 내 피로 세우는 새 언약이니" (누가복음 22:20).

예수님은 유월절을 가지고 "새 언약"이라고 하시지 않았다. 옛 언약인 짐승의 피가 아니라 자신의 몸과 피를 기념하는 "새 언약"인 성찬예식을 가리키신 것이다. 성경은 짐승의 피가 우리의 죄를 사하지 못한다고 하였다.

"이는 황소와 염소의 피가 능히 죄를 없이하지 못함이라" (히브리서 10:4).

성경의 다른 곳에서도 "새 언약"이 유월절이 아니라, "예수님의 피"임을 말하고 있다.

"이로 말미암아 그는 새 언약의 중보자시니 이는 첫 언약 때에 범한 죄에서 속량하려고 죽으사 부르심을 입은 자로 하여금 영원한 기업의 약속을 얻게 하려 하심이라" (히브리서 9:15).

"새 언약의 중보자이신 예수와 및 아벨의 피보다 더 나은 것을 말하는 뿌린 피니라" (히브리서 12:24).

이와 같이 새 언약은 유월절이 아니라 예수님의 피를 기념하는 성찬예식인데, 이를 오용하여 유월절을 안상홍이 가지고 왔으니 재림 예수요, 이를 지키는 교회가 참 교회라고 억지 주장을 하고 있는 것이다.

* 옛 언약과 새 언약

옛 언약	새 언약
유월절 언약	예수님은 새 언약의 중보자(히9:15)
유월절 양의 희생(출애굽기12:5-6)	유월절 어린 양 되신 예수님의 희생으로 성취됨(고린도전서 5:7)
양의 피를 집 좌우 문설주와 인방에 바르고 고기를 먹음(출애굽기12:7-9)	예수님의 몸과 피를 기념하는 떡과 포도주를 마심(누가복음22:20)
육신 구원	영, 육 구원
유대력 1월 14일에 행함	매주 모일 때마다 행함(사도행전20:7)

넷째, 예수님이 성찬예식을 거행하신 날은 유월절 날이 아니었다.

안상홍 하나님의 교회에서는 유대력으로 1월 14일에 유월절을 성대히 거행한다. 그리고 이때 한 번 성찬예식을 하고, 14일이 아니면 유월절을 지킨 것이 아니라고 한다.

그러나 성경을 보면 예수님도 유월절에 성만찬을 거행하신 것이 아니었다.

요한복음 19:14절은 이렇게 말하고 있다.

"이 날은 유월절의 준비일이요 때는 제 육시라".

본문을 자세히 보면, 이 날에 예수님이 십자가에 못 박혀 죽으셨다. 예수님이 "다 이루었다" 하시고 돌아가신 후, 다시 31절은 이렇게 말하고 있다.

"이 날은 준비일이라 유대인들은 그 안식일이 큰 날이므로 그 안식일에 시체들을 십자가에 두지 아니하려 하여 빌라도에게 그들의 다리를 꺾어 시체를 치워 달라 하니".

예수님이 십자가에 돌아가신 날은 유월절 준비일이었다. 그 유월절은 안식일과 겹치는 절기안식일이었다. 그러므로 유대인들이 "큰 날"이라고 부른 것이다. 이와 같이 예수님이 돌아가신 날이 유월절 준비일(금, 13일)이요, 예수님은 그 전날(목, 12일)에 성만찬을 거행하셨으므로 유대력으로 말하면 1월 12일이 되는 것이다. 이처럼 예수님이 성만찬을 거행하신 날이 유월절이 아님으로 예수님이 말씀하신 "새 언약"이 유월절이 아니요, 성찬예식임이 분명히 드러난 것이다. 안상홍 측 주장대로라면 예수님도 날짜를 어겼으니, 이 유월절은 무효요, 따라서 구원 받을 수도 없게 되는 것이 된다.

제 3 문 하나님은 아버지 하나님과 어머니 하나님이 있는가?

안상홍 측 이야기를 들어보면 하늘에는 아버지 하나님과 어머니 하나님이 있다고 말한다. 이들의 이야기를 들어보자.

"하나님이 '우리의 형상' 곧 '하나님의 형상'을 모델삼아 그대로 창조하신 존재가 남자와 여자였다. 이는 곧 하나님의 형상 안에는 복수의 형상, 정확히 말하자면 남자의 형상과 여자의 형상이 존재하고 있다는 말씀이다"("하나님의 부르심을 입은 자들", 김주철, 186쪽).

"하나님의 교회는 기독교 핵심 교리인 성삼위일체를 확고히 믿는다. 성삼위일체는 아버지 하나님이 각 시대마다 성부, 성자, 성령으로서 다른 이름으로 역사하나, 그 근본은 동일하다는 의미이다. 하나님의 교회는 구약시대 성부 여호와 하나님이 신약시대에는 아들(성자)의 입장으로 오신 분이 예수님이며, 성경 예언대로 이 시대에 재림 그리스도(성령)로 오신 분이 안상홍님이라고 믿는다"("신동아"2019,6호, 김주철, 262쪽).

"많은 이가 하나님은 아버지 하나님 한 분이라 믿고 있으나, 하나님의 교회에서는 어머니 하나님도 믿고 있다"("신동아"2019,6호, 김주철, 264쪽).

"갈라디아 4장 26절에는 그리스도의 계시를 받은 바울이 '오직 위에 있는 예루살렘은 자유자니 곧 우리 어머니'라고 기록했다. 요한계시록 22:17절에는 '성령과 신부가 말씀 하시기를 오라....생명수를 받으라 하시더라'고 하면서 인류를 불러 생명수를 주는 성령과 신부(新婦 bride)가 등장한다. 성령은 아버지 하나님, 신부는 어머니 하나님이라는 설명이다"("신동아"2019,6호, 김주철, 266쪽).

"하나님의 교회는 아버지, 어머니, 자녀로 구성된 이 땅의 가족제도는 천국에도 아버지 하나님과 어머니 하나님 그리고 하나님의 자녀들이 있음을 보여주는 모형이라"("신동아"2019,6호, 김주철, 266쪽).

▶ 비판
첫째, 이들이 말하는 성삼위일체는 성경적인 삼위일체(三位一體) 교리가 아니다.

총회장 김주철은 기독교의 핵심교리인 삼위일체교리를 확고히 믿고 있다고 하나, 기독교의 삼위일체교리를 모르고 하는 말이다.

성경은 성부 하나님과 성자 예수님, 그리고 성령 하나님이 각각의 인격(人格)을 가진 존재임을 말하고 있다. 성부 하나님이 신약에는 성자 예수님으로, 그리고 지금은 성령으로 나타났다는 말은 일위삼양론(一位三樣論)을 주장한 사벨리우스 이단이 한 말이다.

마태복음 3:16~17절을 보면 성부, 성자, 성령 하나님이 각각의 존재로 나타나고 있다.

"예수께서 세례를 받으시고 곧 물에서 올라오실 새 하늘이 열리고 하나님의 성령이 비 둘기 같이 내려 자기 위에 임하심을 보시더니, 하늘로부터 소리가 있어 말씀하시되 이는 내 사랑하는 이들이요 내 기뻐하는 자라 하시니라".

성경적 삼위일체(三位一體 Trinity)도표

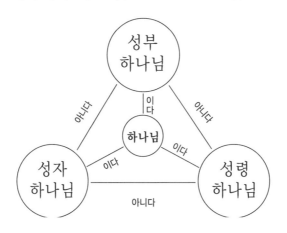

둘째, 창세기 1:26절의 "우리"는 안상홍 하나님과 장길자 하나님을 말하는 것이 아니다.

김주철 총회장은 창세기 1:26절의 "우리"는 복수로, 아버지 안상홍 하나님과 어머니 장길자 하나님을 가리키는 것이라고 하였다. 참으로 대단한 주장이다. 이들의 주장대로라면 이들이 믿는 하나님은 삼위일체(三位一體)가 아니라 이위이체(二位.二體)의 하나님이며, 안상홍과 장길자가 스스로 계셔서 태초에 천지를 창조하고, 인간을 창조했다는 말이 된다. 창세기 1:26절의 "우리"는 성부, 성자, 성령을 가리키는 말이다. 예수님은 태초부터 하나님과 함께 계신 하나님이라고 하였다.

"태초에 말씀이 계시니라 이 말씀이 하나님과 함께 계셨으니 이 말씀은 곧 하나님이시니라" (요한복음 1:1).

셋째, 천국에는 이 세상처럼 성별(性別)이 있는 것이 아니다.

김주철은 아버지 하나님이 있으니, 어머니 하나님도 있다고 말하나, 하늘나라는 이 세상처럼 남녀가 존재하지 않는다. 예수님은 우리가 "부활 때에는 장가도 아니 가고 시집도 아니 가고 하늘에 있는 천사들과 같으니라"(마 22:30)고 하였다. 헬라어에는 모든 명사를 남성, 중성, 여성명사로 나눈다, "천사"는 중성명사이다. 성령 하나님을 가리키는 "프뉴마"도 중성명사이다. 천사나 하나님 모두 중성인 것이다. 천사는 중성이기에 결혼하지 않는다. 우리도 하늘나라에서는 중성이 되며, 하나님도 성별이 있는 것이 아니다. 성경을 모르니 유치하기 그지없다.

넷째, 초림의 예수님은 육으로 오셔야 했으나, 재림의 예수님은 육으로 오는 것이 아니다.

초림의 예수님은 속죄의 제물이 되시기 위하여 육을 입고 오셔야만 했다. 또한 죽음을 통하여 죽음의 세력을 잡은 자 마귀를 멸하기 위해서도 육으로 오셔야만 했다 (히2:14). 그러나 예수님은 속죄의 사역을 이루신 후에는 부활하셨다. 다시 오실 예수님은 사람의 몸으로 여자의 몸을 통하여 오시는 것이 아니라, 영광스러운 몸으로, 죄와 상관없이 하늘 구름을 타고 오신다고 하였다.

"그 때에 인자의 징조가 하늘에서 보이겠고 그 때에 땅의 모든 족속들이 통곡하며 그들이 인자가 구름을 타고 능력과 큰 영광으로 오는 것을 보리라"(마태복음 24:30).

"이와 같이 그리스도도 많은 사람의 죄를 담당하시려고 단번에 드리신 바 되셨고 구원에 이르게 하기 위하여 죄와 상관없이 자기를 바라는 자들에게 두 번째 나타나시리라"(히 9:28).

다섯째, 실수하거나 죽는 자는 하나님이 될 수 없다.

성경은 하나님을 "오직 그에게만 죽지 아니함이 있고 가까이 가지 못할 빛에 거하시고 어떤 사람도 보지 못하였고 또 볼 수도 없는 이"(딤전 6:16)라고 하였고, "그는 변함도 없으시고 회전하는 그림자도 없으시니라"(약1:17)고 하였다.

만일에 안상홍이 하나님이라면 그는 실수하거나, 죽지 않았어야 했다. 그러나 그는 이단인 안식교에 13년 동안 빠져 있었으며, 67세의 나이로 죽고 말았다. 그리고 하나님의 신부라고 하는 장길자는 1981년에야 안상홍이 하나님의 신부로 임명하였는데, 태초부터 어떻게 하나님이 될 수 있다는 말인가? 한국에서 자신이 하나님이라고 주장한 사람은 안상홍만이 아니다. 스스로 천부(天父)로 자처했던 박태선도 죽었고, 재림예수라고 주장했던 문선명, 구인회도 죽었고, 죽은 다음에 부활한다고 호언장담하던 이뢰자도 죽어 부활하지 못했다.

제 4 문 장길자는 성령의 신부요, 하늘어머니요, 새 예루살렘이요, 여자 하나님인가?

하늘어머니라고 불리는 장길자씨

하나님의 교회에서는 장길자를 "어머니 하나님"으로 섬기고 있다. 현대종교에서 발행한 "이단 바로 알기" 책을 보면 이렇게 말하고 있다.

"안씨 사후 안상홍증인회는 첫 부인을 하나님의 부인으로 섬기는 '새 언약 유월절 하나님의 교회'파와 둘째 부인을 하나님의 부인으로 섬기는 파로 나누어 졌으며, 그 외 몇 몇 분파가 더 있는 것으로 알려지고 있다. 그 중 제일 큰 세를 갖춘 곳이 장길자씨가 '하늘어머니'로 , 김주철씨가 총회장으로 있는 '하나님의 교회 세계복음선교협회'이다.

장길자씨는 1981년 안씨를 통해 "하나님의 신부"로 택함 받았고, 신도들에게 "어머니 하나님"으로 칭송받고 있다" ("이단 바로 알기", 현대종교, 101쪽).

하나님의 교회 총회장 김주철씨도 이렇게 말하고 있다.

"아담은 오실 자, 즉 재림 그리스도의 표상이었다. 그러므로 아담의 아내인 하와는 재림 그리스도이신 어린 양의 아내를 표상하고 있다" ("하나님의 부르심을 입은 자들", 김주철, 193쪽).

"하나님의 교회 성경교재 '모세의 지팡이'에서는 요한계시록 22장의 '신부'를 요한계시록 21장에서는 '하늘 예루살렘'이라고 했고, 갈라디아서 4장에서는 하늘 예루살렘을 '우리 어머니'라고 했다며, 신부는 우리 어머니를 뜻한다고 주장한다. 즉 이들이 말하는 '우리 어머니'는 안상홍씨가 하나님의 신부로 택한 장길자씨를 가리킨다"("이단 바로알기", 현대종교, 104-105쪽).

▶ 비판
첫째, 하나님은 처음부터 하나님이지, 누구로부터 택함 받아서 되는 것이 아니다.

장길자씨가 안상홍으로부터 1981년에 하나님(안상홍)의 신부로 택함 받았다면 그 이전에는 하나님이 아니었다는 말이 된다.

둘째, 장길자씨는 1966년 김00 씨와 결혼하여 두 자녀를 둔 가정주부였다.

그런 그가 남편과 이혼하고 안상홍과 두 번째 결혼을 한 것이다. 장길자의 전 남편 김00씨는 이렇게 말하고 있다.

"장길자와 결혼하여 살던 중, 부산에서 노 장로라는 사람으로부터 전도를 받아 안상홍증인회에 나가게 되었다. 이때부터 장길자는 사도시대의 신앙을 회복하고 유월절로부터 7개의 절기를 지키며 열심을 내더니, 어느 날 전도사가 되었다고 하더라는 것이다. 그러다가 김00씨가 해외 취업을 갔다가 돌아와 보니, 아내는 예전과 다른 사람이 되어 있었고, 급기야는 이혼을 요구해 왔다"고 했다. ("하나님의 교회의 정체", 현대종교, 13쪽).

하나님이 사람과 결혼하여 두 자녀를 두고, 다시 이혼하여 다른 남자와 만나 결혼할 수 있다고 생각하는가?

셋째, 갈라디아 4:26절의 "우리 어머니"는 장길자를 가리키는 것이 아니라 교회를 가리키는 것이다.

"오직 위에 있는 예루살렘은 자유자니 곧 우리 어머니라".

이 말씀에서 하나님의 교회의 "어머니 교리"가 나왔다.

바울은 아브라함의 두 아내 하갈과 사라를 통하여 율법과 복음을 비유적으로 설명하고 있다. 24절에 "이것은 비유니"라고 말하고 있다. 즉 하갈은 시내산으로부터 받은 율법을 비유하는 땅의 예루살렘이며, 종의 신분이요, 사라는 위에 있는 예루살렘인 하늘교회를 가리키는 자유자요, 우리 어머니와 같은 곳이라는 것이다. 성경에서 그리스도의 신부는 교회를 가리킨다. 마태복음 25장의 열 처녀도 신부된 교회를 가리키는 것이요, 에베소서 5:22-33절에서 바울은 남편과 아내를 들어 그리스도와 교회에 대하여 설명하면서, 32절에 "나는 그리스도와 교회에 대하여 말하노라"고 하였다. 성도는 이 땅에 있으나, 이미 하늘시민이 되어, 하늘교회의 일원이 되어 있는 것이다(빌 3:20). 그러므로 바울이 비유적으로 가리킨 하늘에 있는 예루살렘은 사람 장길자를 말하는 것이 아니라, 하늘교회를 가리키는 것이다.

장길자는 1981년에야 "하나님의 신부"로 택함 받았으니, 바울이 이 말씀을 기록할 때에는 하늘에 있지도 않았다.

*갈 4:26절의 비유해석

하갈	사라
종	본처
율법	복음
종노릇	자유자
땅에 있는 예루살렘(유대교)	하늘에 있는 새 예루살렘(천상교회)

넷째, 요한계시록 19:7, 21:9절의 "어린 양의 아내"도 사람이 아니라, 하늘교회인 거룩한 성 새 예루살렘을 가리키는 것이다.

계 19:7-8 "우리가 즐거워하고 크게 기뻐하며 그에게 영광을 돌리세 어린 양의 혼인 기약이 이르렀고 그의 아내가 자신을 준비하였으므로 그에게 빛나고 깨끗한 세마포 옷을 입도록 허락하셨으니 이 세마포 옷은 성도들의 옳은 행실이로다".

계 21:9 "일곱 대접을 가지고 마지막 일곱 재앙을 담은 일곱 천사 중 하나가 나아와서 내게 말하여 이르되 이리 오라 내가 신부 곧 어린 양의 아내를 네게 보이리라 하고".

계 21:10 "성령으로 나를 데리고 크고 높은 산으로 올라가 하나님
으로부터 하늘에서 내려오는 거룩한 성 예루살렘을 보이니".

계시록 19:7~8절에서 "어린 양의 아내"를 "성도들"이라고 말하고
있다.
"그에게 빛나고 깨끗한 세마포 옷을 입도록 허락하였으니 이 세마
포 옷은 성도들의 옳은 행실이로다"(8).

계시록 21:9절에서 천사는 요한에게 말하기를 "이리 오라 내가 신
부 곧 어린 양의 아내를 네게 보이리라"하고서, 요한을 데리고 크고
높은 산으로 올라가 장길자를 보이신 것이 아니라, 거룩한 성 예루살
렘(교회)을 보여준 것이다.

다섯째, 요한계시록 22:17절의 성령과 신부도 안상홍과 장길자를 가 리키는 것이 아니라, 성령과 신부된 교회를 가리키는 것이다.
"성령과 신부가 말씀하시기를 오라 하시는 도다. 듣는 자도 오라 할
것이요 목마른 자도 올 것이요 또 원하는 자는 값없이 생명수를 받으
라 하시더라".

여기에 대하여 주석가 강병도는 이렇게 설명하고 있다.
"성령과 신부는 한 목소리로 초청하고 있다. 여기에서 '성령'은 선지자들
을 통해 계시의 말씀을 선포하시는 분이시며(19:10), '신부'는 어린 양의

아내인 교회를 가리킨다(19:7).....성령과 교회가 연합하여 행하는 초청은 그리스도의 재림으로 인해 더 이상 기회가 주어지지 않을 때까지 지속 된다"("호크마주석 요한계시록", 강병도, 578-579쪽).

여섯째, 요한계시록 22:17절은 이미 이루진 일이 아니요, 앞으로 이루어질 일이다.

하늘의 새 예루살렘은 처음 하늘과 처음 땅이 없어진 다음에 하늘에서 내려온다.

"또 내가 새 하늘과 새 땅을 보니 처음 하늘과 처음 땅이 없어졌고 바다도 다시 있지 않더라. 또 내가 보매 거룩한 성 새 예루살렘이 하나님께로부터 하늘에서 내려오니 그 준비한 것이 신부가 남편을 위하여 단장한 것 같더라"(계시록 21:1-2).

아직 처음 하늘과 처음 땅이 있다. 그런데 언제 하늘의 새 예루살렘이 내려왔다는 말인가?

제 5 문 장길자를 통하여 구원이 이루어지는가?

안상홍 하나님의 교회에서는 인간은 여자를 통하여 궁극적인 생명을 얻기 때문에 영적 생명도 여성 하나님인 장길자를 통하여 영생을 얻게 된다고 주장하고 있다.

"어머니 없는 신앙은 영생 얻을 수 없다. 하나님의 약속인 영원한 생명은 어머니로 말미암아 완성될 수 있는 일이다" (안상홍 측 성경공부교재 제45장 "예루살렘의 어머니", 54쪽)

▶ 비판
첫째, 성경에 인간이 여자를 통하여 구원의 생명을 얻는다는 말이 없다.

오직 예수 그리스도를 믿음으로 구원을 얻는다고 했다.

"네가 만일 네 입으로 예수를 주로 시인하며 또 하나님께서 그를 죽은 자 가운데서 살리신 것을 네 마음에 믿으면 구원을 받으리라" (로마서 10:9).

둘째, 다른 구원자를 말하는 것이 이단이다.

안상홍 하나님의 교회는 안상홍 하나님을 믿어야 구원을 받고, 유월절을 지켜야 구원을 받고, 어머니 하나님을 믿어야 구원을 받는다는 성경에도 없는 엉뚱한 주장을 하면서도 성경적이라고 강변을 한다.

"사도 바울은 '내가 사람에게 좋게 하랴 하나님께 좋게 하랴' 하고 반문했습니다. 우리는 사람의 평가에 연연하지 않고 성경대로 행할 뿐입니다. 진리는 누가 뭐라 해도 진리니까요. 저희의 롤 모델은 그리스도이십니다" (신동아, 2019,6호, 김주철대담, 277쪽).

셋째, 성경은 사람을 자랑하지 말고, 사람의 종이 되지 말라고 하였다.

장길자는 1943년 10월 29일생으로 남편 김00씨와 결혼하여 두 자녀를 둔 가정주부이다. 이런 그가 성령의 신부요, 새 예루살렘이요, 어머니 하나님으로 자처하고 있다.

"그런즉 누구든지 사람을 자랑하지 말라 만물이 다 너희 것임이라" (고전 3:21).

"너희는 값으로 사신 것이니 사람들의 종이 되지 말라" (고전 7:23).

 **제 6 문** 유월절을 지켜야 구원을 얻는가?

하나님의 교회 신자들은 전도할 때 "구원을 받았느냐?"고 물어서 구원을 받았다고 대답하면 "유월절을 지키고 있는가?"를 다시 묻는다. 이들에 있어서 구원의 조건은 유월절 준수에 달려있는 것이다. 유월절을 지켜야 구원을 얻는다고 말한다.

> "오늘날 이 시대에도 유월절은 죄악에서 종노릇하는 우리들을 해방시켜 줄 것이며, 영원한 천국으로 인도하는 진리가 될 것이다" ("내 양은 내 음성을 듣나니", 김주철, 79쪽).

> "유월절은 죽을 수밖에 없는 우리 인생들에게 영원한 생명을 주기 위해 제정된 하나님의 계명이다. 예수님께서 영생을 얻으려면 유월절을 행하라고 가르치셨다" ("내 양은 내 음성을 듣나니", 김주철, 82쪽).

▶ 비판
첫째, 성경에 유월절이 우리를 구원한다는 말이 없다.
오히려 구약의 절기나 월삭이나 안식일은 예수님의 그림자로 예수님 안에서 완성되었으므로, 더 이상 먹고 마시는 것이나 절기나 초하루나 안식일을 이유로 누구든지 너희를 비판하지 못하게 하라고 하였다.

"그러므로 먹고 마시는 것과 절기나 초하루나 안식일을 이유로 누구든지 너희를 비판하지 못하게 하라. 이것들은 장래 일의 그림자이나 몸은 그리스도의 것이니라" (골로새서 2:16-17).

둘째, 예수님께서 유월절을 계명으로 정하신 적이 없고, 더욱이 유월절을 행하라고 하신 적도 없다.

누가복음 22:20절의 "새 언약"은 유월절이 아니라, 그의 피로 세우는 "새 언약", 곧 "성찬예식"을 말하는 것이며, 이 성찬예식을 행하여 나를 기념하라고 하였다.

"저녁 먹은 후에 잔도 그와 같이 하여 이르시되 이 잔은 내 피로 세우는 새 언약이니 곧 너희를 위하여 붓는 것이라" (누가복음 22:20).

"축사하시고 떼어 이르시되 이것은 너희를 위하는 내 몸이니 이것을 행하여 나를 기념하라 하시고" (고전 11:24).

셋째, 예수를 믿은 다음에 다시 날과 달과 절기를 지킨다면, 너희를 위한 나의 수고가 헛될까 두렵다고 하였다.

"너희가 날과 달과 절기와 해를 삼가 지키니 내가 너희를 위하여 수고한 것이 헛될까 두려워하노라" (갈라디아서 4:10-11).

"율법 안에서 의롭다 함을 얻으려 하는 너희는 그리스도에게서 끊어지고 은혜에서 떨어진 자로다" (갈라디아서 5:4).

# 제 7 문 안식일을 지켜야 구원 얻는가?

안상홍의 뿌리는 안식교이다. 안식교에서 침례를 받고 13년을 생활하였다. 그러기에 그도 안식일을 주장하고 있다. 안식일은 변하지 않는 하나님의 표징이며(출 31:16), 예수님도 안식일을 지켰고, 초대교회도 지켰다고 한다(행13:27). 안식일이 일요일로 변경된 것은 천주교라고 가르친다. 그러면서 자신들은 성경에 있는 안식일을 지키고, 일반교회는 천주교가 만든 주일을 지키고 있으니, 자신들이 참 교회요, 일반교회는 짐승의 표를 받은 바벨론교회라고 한다.

▶ 비판
첫째, 안식일은 구약 유대인에게 있어 하나님의 표징이었다.

신약에 와서 그리스도인에게는 해당되지 않기에 신약성경에 안식일을 지키라는 말씀이 없다. 오히려 신약의 그리스도인에게는 주일이 하나님의 백성 된 표징이다.

둘째, 예수님은 안식일을 지키지 않으셨다.

안상홍 사람들은 누가복음 4;16절 "예수께서...안식일에 늘 하시던 대로 회당에 들어가사 성경을 읽으려고 서시매"를 들어 예수님도 안식일을 지켰다고 주장을 한다. 그러나 이는 성경을 읽고 가르치려고 가신 것이지, 안식일을 지키려고 가신 것이 아니다. 성경을 보면 오히려 유대인들이 예수님이 안식일을 지키지 않는다고 힐난하는 것을 보게 된다.

"그 때에 예수께서 안식일에 밀밭 사이로 가실 새 제자들이 시장하여 이삭을 잘라 먹으니 바리새인들이 보고 예수께 말하되 보시오 당신의 제자들이 안식일에 하지 못할 일을 하나이다" (마12:1-2).

셋째, 절기와 안식일은 예수님에 의해 완성되었다.

구약의 제사와 절기와 안식일은 모두 예수님의 그림자요, 예수님에 의해 완성되었으므로 비판하지 말라고 하였다.

"그러므로 먹고 마시는 것과 절기나 초하루나 안식일을 이유로 누구든지 너희를 비판하지 못하게 하라. 이것들은 장래 일의 그림자이나 몸은 그리스도의 것이니라" (골로새서 2:16~17).

넷째, 사도들과 초대교회가 주일을 지켰다.

바울 사도와 교회가 그 주일의 첫날(주일)에 모여 성찬을 거행하였고, 고린도교회는 매주 첫날(주일)에 모여 예배하고, 연보를 하였다고 기록하고 있다.

"그 주간의 첫날(주일)에 우리가 떡을 떼려하여 모였더니.." (행 20:7).

"매주 첫날(주일)에 너희 각 사람이 수입에 따라 모아 두어서 내가 갈 때에 연보를 하지 않게 하라" (고전 16:2).

다섯째, 속사도시대에도 주일을 지킨 기록이 있다.

A.D 70~80년에 쓰여 진 바나바서신 15절에는 왜 주일에 예배해야 되는 지에 대하여 이렇게 기록하고 있다.

"그런 이유로 우리 또한 여드레째 날(주일)을 즐기는 날로 지키니, 그 날에 또한 예수께서 죽은 자 가운데서 일어나 하늘로 올라가심이 명백히 보였음이라".

* 이 외에도 A.D 107년에 베드로의 후계자로 알려진 안디옥교회 감독 익나티우스 (Ignthius)는 그의 서신 "마그네시아인들에게"(To the Magnsians)서 이렇게 적고 있다.

"잘못된 가르침이나 오래된 이야기로 인해 미혹을 당하지 않도록 하십시오. 우리가 아직 유대주의의 관심을 계속 지킨다면 우리가 은혜를 받지 못했음을 드러내는 것이 될 것입니다. 옛 관심에 따라 살던 사람들이 이제는 새로운 소망에 이르게 되었습니다. 그들은 이제 안식일을 지키지 않고, 주님의 날에 의해 살게 되었습니다. 그 날에 그들의 생명과 우리의 생명이 빛을 발하게 되었습니다. 나쁜 누룩을 피하십시오".

* 변증가 저스틴(Justinus, A.D 100~165)은 이렇게 말했다.
"일요일은 모든 것이 새롭게 되는(고후 5:17) 기념할 만한 날이었으며, 오늘날에도 그러하다....여덟 번째 날 하나님은 그리스도를 죽음에서 일으키심으로 창조의 작업을 계속했다".

* 교부 터툴리안(Tertullian, A.D 150~220) 도 이렇게 말하였다.
"주일에 그리스도인들은 주님의 부활을 기념해 모든 근심케 하는 일들을
삼가고 악마에게 빠지지 않기 위해 세상일을 잠시 제쳐놓아야 한다".

그러므로 주일은 천주교가 바꾼 것이 아니라, 처음 사도들로부터
지켜 내려온 전통인 것이다.

여섯째, 안식일을 지켜야 구원 얻는다고 말하면, 성경은 예수 그리스도에게서 끊어진 자라고 하였다.

안식일을 지켜야 구원 받는다고 한다면 이는 율법으로 구원을 받겠
다는 것이 된다. 성경은 율법으로 구원 받을 육체가 없다고 하였고, 율
법 안에서의 구원을 말한다면 그리스도와 하나님의 은혜에서 끊어진 자
라고 하였다.

"사람이 의롭게 되는 것은 율법의 행위로 말미암음이 아니요 오직
예수 그리스도를 믿음으로 말미암는 줄 알므로 우리도 그리스도 예수
를 믿나니 이는 우리가 율법의 행위로써가 아니고 그리스도를 믿음으
로써 의롭다 함을 얻으려 함이라 율법의 행위로써는 의롭다 함을 얻
을 육체가 없느니라"(갈 2:16).

"율법 안에서 의롭다 함을 얻으려 하는 너희는 그리스도에게서 끊어
지고 은혜에서 떨어진 자로다"(갈 5:4).

안상홍 하나님의 교회는 시대별 구원자가 따로 있다고 말한다. 구약시대의 구원자는 여호와 하나님이요, 성자시대는 예수님이 구원자요, 성령 시대는 안상홍이 구원자라고 다음과 같이 말한다.

"재림 그리스도, 새 언약을 회복하신 재림 예수님 안상홍님, 성부시대 여호와 하나님께서는 애굽에서 종살이하던 이스라엘 백성들을 유월절로 구속하셨습니다. 성자시대 예수님께서는 사망의 종 노릇하던 인류를 새 언약 유월절로 구원하셨습니다. 성령시대 안상홍님께서는 새 언약 유월절로 영생의 축복을 허락해 주셨습니다". (출처: 하나님의 교회 홈페이지)

▶ 비판

첫째, 시대별 구원자가 따로 있는 것이 아니다.

구약시대에도 예수님의 피를 상징하는 짐승의 피로 죄 사함 받고, 구원 받았다. 유월절 양도 예수 그리스도를 상징하는 것이었다.

"우리의 유월절 양 곧 그리스도께서 희생되셨느니라" (고전 5:7).

둘째, 시대별 구원자 교리는 이단들의 특징이다.

이단의 특징 중의 하나가 "3시대론자"들이라는 것이다. 구약시대, 신약시대, 그리고 마지막 시대로 각각 나누고 있다. 백남주의 예수교는 마지막시대를 "새 생명의 길 시대"라고 하였고, 통일교의 문선명은 "성약시대", 신천지의 이만희는 "계시록시대", 애천교의 정명석은 "새 섭리시대", 하나님의 교회 안상홍은 "종말시대"로 구분하고 있다. 이들이 이렇게 3시대로 구분하고 있는 것은 각 시대마다 구원자가 따로 있다는 말이다. 구약에는 성부 하나님이 구원자요, 신약에는 성자 예수님이 구원자요, 마지막 시대에는 자신이 구원자라는 것이다. 그러므로 마지막 시대에 구원을 받으려면 자신에게 와야 된다고 주장한다. 그러나 성경은 예수님 외에 구원 얻을 다른 이름을 주신 일이 없다고 하였다(행4:12). 구약의 시대에도 속죄제사를 통하여 예수님을 예표하는 피의 제사로 구원을 받았다. 그들은 약속을 받지는 못하였으나, 멀리서 믿음의 눈으로 보며 환영하며 죽었다고 하였다(히 11:13). 지금도 우리는 예수님의 피를 믿는 믿음으로 죄 사함 받고, 구원받는다.

셋째, 예수님 외에 다른 이로서는 구원 받을 수 없다.

"다른 이로써는 구원을 받을 수 없나니 천하사람 중에 구원을 받을 만한 다른 이름을 우리에게 주신 일이 없음이라 하였더라" (행4:12).

* 3시대 구원자 도표

이단명	구약시대명	신약시대명	현시대명	구원자
예수교	구약시대	신약시대	새생명의 길 시대	백남주
통일교	구약시대	신약시대	성약시대	문선명
신천지	구약시대	신약시대	계시록시대	이만희
애천교	구약시대	신약시대	새섭리시대	정명석
하나님의교회	구약시대	신약시대	종말시대	안상홍

제 9 문   안상홍이 멜기세덱의 반차로 왔는가?

안상홍은 자신이 멜기세댁의 반차로 왔다고 이렇게 말하고 있다. "멜기세댁 당시에 떡과 포도주로 복을 빈 사람은 멜기세댁뿐이었으며, 신약에도 떡과 포도주로 복을 빌어 주신 분은 오직 예수님뿐이었다. 오늘날 유월절에 떡과 포도주로 제사 드려 생명을 이어받는 교회는 오직 우리 교회뿐이다" ("하나님의 비밀", 안상홍, 162쪽).

"마지막 때에도 말씀이 육신이 되어 멜기세댁의 반차로 오셔서 우리 가운데 거하시게 되니, 새 언약의 유월절 떡과 포도주로 생명을 주시게 됐다" ("하나님의 비밀", 안상홍, 164쪽).

▶ 비판
첫째, 멜기세댁은 살렘왕이라고 하였다.

"살렘왕 멜기세댁이 떡과 포도주를 가지고 왔으니 그는 지극히 높으신 하나님의 제사장이었더라" (창14:18).

살렘왕은 당시 예루살렘 왕이라는 말이다. 언제 안상홍이 지금부터 4,000년 전에 예루살렘의 왕으로 있었는가?

둘째, 멜기세댁은 아버지도 없고 어머니도 없고 족보도 없고 시작한

날도 없고 생명의 끝도 없다고 하였다.

히브리서는 멜게세덱에 대하여 이렇게 말하고 있다.

"아버지도 없고 어머니도 없고 족보도 없고 시작한 날도 없고 생명
의 끝도 없어 하나님의 아들과 닮아서 항상 제사장으로 있느니라"
(히 7:3).

안상홍은 부모가 있고, 족보도 있고, 태어난 날도 있고, 죽은 날도 있
다. 그가 참으로 멜기세덱으로 왔다면 이런 모든 것이 없어야 할 것이다.

제10문 어떻게 안상홍이 보혜사(保惠師)가 될 수 있는가?

우리나라에 자신을 보혜사로 주장하는 사람들이 많다. 신천지 이만희도 자신을 보혜사라고 하고, 새빛등대교회 김풍일도 자신을 보혜사라고 주장하고, 하나님의 교회 안상홍도 자신을 보혜사라고 주장한다.

안상홍의 보혜사론과 이만희의 보혜사론이 다른 것은 이만희는 성부 하나님과 성자 예수님은 인정하면서 성령 하나님을 자신이라고 하는 반면, 안상홍은 성부도 안상홍이요, 성자 예수님도 안상홍이요, 성령 하나님도 안상홍이라고 한다는 것이다.

"하나님의 교회는 기독교 핵심 교리인 성삼위일체를 확고히 믿는다. 성삼위일체는 아버지 하나님이 각 시대마다 성부, 성자, 성령으로서 다른 이름으로 역사하나, 그 근본은 동일하다는 의미이다. 하나님의 교회는 구약시대 성부 여호와 하나님이 신약시대에는 아들(성자)의 입장으로 오신 분이 예수님이며, 성경 예언대로 이 시대에 재림 그리스도(성령)로 오신 분이 안상홍님이라고 믿는다" ("신동아"2019,6호, 김주철, 262쪽).

▶ 비판
첫째, 보혜사 성령님은 영이요, 사람이 아니다.

"그는 진리의 영이라 세상은 능히 그를 알지 못하나니 이는 그를 보

지도 못하고 알지도 못함이라"(요 14:17).

둘째, 보혜사 성령님은 진리의 영이어서 우리를 진리 가운데로 인도하신다.

"그러나 진리의 성령이 오시면 그가 너희를 모든 진리 가운데로 인도하시리니 그가 스스로 말하지 않고 오직 들은 것을 말하며 장래 일을 너희에게 알리시리라"(요16:13).

보혜사 성령은 진리를 말씀하신다. 그리고 보혜사 성령님은 스스로 말하지 않고 들은 것(하나님과 예수님)을 말씀하신다. 절대로 성령님은 자신을 성부 하나님이나 그리스도라고 말하지 않는다. 그런데 안상홍은 스스로 성부 하나님이요, 성자 예수님이요, 성령 하나님이라고 하고 있다.

셋째, 보혜사 성령은 우리 밖에 있는 것이 아니라, 우리 속에 거하신다.

"...그는 너희와 함께 거하심이요 또 너희 속에 계시겠음이라?"(요 14:17).

넷째, 보혜사 성령님은 떠나시지 않고 영원히 믿는 자와 함께 거하신다.

"내가 아버지께 구하겠으니 그가 또 다른 보혜사를 너희에게 주사 영원토록 너희와 함께 있게 하리니"(요 14:16).

보혜사 하나님은 영원토록 떠나지 않는다고 예수님은 말씀하셨다. 그런데 안상홍은 떠나고 없다.

다섯째, 사람은 모든 사람의 보혜사가 될 수 없다.

성경은 예수님도 보혜사라고 말한다 (히 8:6). 예수님도 12제자의 보혜사였다. 그러나 육을 가지신 예수님은 많은 사람의 보혜사가 될 수 없는 것이다. 그러기에 자신이 떠나가는 것이 너희에게 유익하다고 하였다. 성령이 영으로 오실 때에만 모든 사람에게 임하여 보혜사가 될 수 있기 때문이다.

"그러나 내가 너희에게 실상을 말하노니 내가 떠나가는 것이 너희에게 유익이라 내가 떠나가지 아니하면 보혜사가 너희에게 오시지 아니할 것이요 가면 내가 그를 너희게 보내리니" (요 16:7).

제11문

어떻게 안상홍이 성부 하나님이요, 예수님이요, 재림예수요, 보혜사 성령이 동시에 될 수 있다는 것인가?

안상홍 하나님의 교회는 말은 삼위일체교리를 믿는다고 하나, 실지로는 한 하나님이 시대별로 다른 모습으로 왔다는 일위삼양론(一位三樣論)의 사벨리아누스의 이단 교리를 따르고 있다.

성경적 삼위일체교리는 성부, 성자, 성령 하나님이 각자의 인격(人格)으로 계시면서도 능력과 신성과 존재의 시작이 같다는 것이다.

성경적 삼위일체(三位一體 Trinity)도표

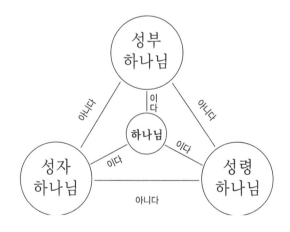

그러나 안상홍 하나님의 교회 삼위일체는 다르다.

김주철 총회장은 이렇게 말하고 있다.

"하나님의 교회는 기독교 핵심 교리인 성삼위일체를 확고히 믿는다. 성삼위일체는 아버지 하나님이 각 시대마다 성부, 성자, 성령으로서 다른 이름으로 역사하나, 그 근본은 동일하다는 의미이다. 하나님의 교회는 구약시대 성부 여호와 하나님이 신약시대에는 아들(성자)의 입장으로 오신 분이 예수님이며, 성경 예언대로 이 시대에 재림 그리스도(성령)로 오신 분이 안상홍님이라고 믿는다" ("신동아" 2019,6호, 김주철, 262쪽).

이 말은 안상홍이 성부 하나님인 동시에 성자 예수님이요, 성령 하나님이라는 말이다. 그러니 천지를 창조하신 분도 안상홍이요, 초림 때 몸으로 오셔서 십자가를 지신 예수님도 안상홍이요, 보혜사 성령도 안상홍이요, 지금 암행어사로 재림하신 재림주도 안상홍이요, 앞으로 강림하실 분도 안상홍이라는 것이다.

하나님의 교회 이위이체(二位二體)

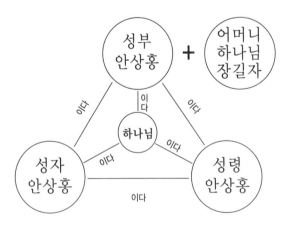

제12문 성경이 말하는 구름이 육신인가?

이단들은 예수님이 구름을 타고 오신다는 말을 사실대로 가르치지 않고, 비유적으로 설명하여 자신을 대입시키고 있다. 신천지 이만희는 구름을 "영(靈)"으로 해석하였고, 통일교 문선명은 구름을 "많은 사람"으로 해석하였고, 하나님의 교회 안상홍은 "육"(肉)으로 해석하였다. 하나님의 교회가 근거로 드는 성경은 다니엘 7:13, 히12:1, 유 1:12절이다.

▶ 비판

첫째, 다니엘 7:13절의 구름은 예수님께서 하늘 구름을 타고 하나님 앞으로 나아간 것을 말하는 것이지, 육을 입고 땅에 오신 것을 말하는 것이 아니다.

"내가 또 밤 환상 중에 보니 인자 같은 이가 하늘 구름을 타고 와서 옛적부터 계신 이에게 나아가 그 앞으로 인도되매"

필자가 하나님의 교회 교역자와 토론할 때, 그는 제일 먼저 이 말씀을 제시하였다. 예수님이 구름(육신)을 타고 왔다는 것이다. 그러나 다니엘이 환상 중에서 본 것은 예수님이 구름을 타고 땅에 오신 것이 아니라, 하나님 앞에 나아간 것을 말하고 있다. 성경은 예수님이 아이로(사 9:6), 처녀의 몸에서(사 7:14), 그것도 베들레헴에서 오실 것(미가 5:2)을 확실히 말씀하고 있다.

둘째, 히12:1과 유1:12도 육(肉)을 가리키는 것이 아니다.

"이러므로 우리에게 구름 같은 허다한 증인들이 있으니 모든 무거운 것과 얽매이기 쉬운 죄를 벗어버리고 인내로써 우리 앞에 당한 경주를 경주하며" (히 12:1).

"그들은 기탄없이 너희와 함께 먹으니 너희의 애찬의 암초요 자기 몸만 기르는 목자요 바람에 불려가는 물 없는 구름이요 죽고 또 죽어 뿌리까지 뽑힌 열매 없는 가을 나무요" (유 1:12).

히 12:1절은 허다히 많은 사람의 모습을 "구름 같다"고 표현하였지, 구름이 육이라고 하지 않았고, 유 1:12절도 이단과 패역자들의 모습이 비유적으로 "바람에 밀려 가는 물 없는 구름 같고, 뿌리까지 뽑힌 열매 없는 가을 나무 같다"는 말이지, 구름이 육이라는 말이 아니다.

셋째, 재림의 예수님은 다시 육을 입을 필요가 없으시다.

초림의 예수님은 속죄의 제물이 되시기 위하여 육을 입고 오셔야 하셨다. 이는 1회적인 일로 속죄의 사역은 완성되었다. 그러기에 재림 때에는 육의 몸으로 오는 것이 아니라, 신령한 몸으로 오시며, 죄와 상관없이 구원 받은 자들을 추수하러 오시는 것이다.

"그가 큰 나팔소리와 함께 천사들을 보내리니 그들이 그의 택하신

자들을 하늘 이 끝에서 저 끝까지 사방에서 모으리라" (마 24:31).

"이와 같이 그리스도도 많은 사람의 죄를 담당하시려고 단번에 드리신 바 되셨고 구원에 이르게 하기 위하여 죄와 상관없이 자기를 바라는 자들에게 두 번째 나타나시리라" (히 9:28).

제13문 예수님의 재림과 강림이 다른 것인가?

하나님의 교회에서는 예수님의 재림을 재림과 강림으로 둘로 나누고 있다. 이들은 이미 예수님의 재림이 재림예수 되는 안상홍으로 이루어졌으며, 이제는 강림을 가다린다는 것이다.

> "안상홍은 예수님의 재림과 강림을 구분하고 있다. 재림은 택하신 자들을 모으시기 위하여 구름을 입고 이미 남행어사로 오셨으며, 강림은 심판하시기 위해 불꽃 중에 나타나신다는 것이다" ("하나님의 비밀과 생명수의 샘", 안상홍, 201쪽).

이러한 안상홍의 해석대로 하나님의 교회 사람들은 예언대로 안상홍이 육체를 입고 세상에 나타남으로 구름을 타고 재림한다는 예언이 성취되었고, 지금은 불꽃 중에 강림하시는 안상홍을 기다린다고 한다.

그들은 마 24:30-31절 "인자가 구름을 타고 능력과 큰 영광으로 오는 것"은 재림을 가리키는 말이며, 살후 1:7절 "주 예수께서 저의 능력의 천사들과 함께 하늘로부터 불꽃 중에 나타나실 때에"는 최후 심판주로 안상홍이 강림하실 때를 가리키는 내용이라고 한다.

* 안상홍 하나님의 교회의 재림과 강림의 도표

	재림	강림

성 경	마 24:30~31	살후 1:7
모 습	구름(육)	불꽃
목 적	택한 자 모으기 위함	심판
시 기	이미 이루어짐	장차 올 것
오는 이	재림 예수 안상홍	강림 예수 안상홍

▶ 비판

첫째, 성경에서 재림과 강림을 구분하지 않고 있다.

성경에 예수님의 강림은 바로 재림을 나타내고 있다. 재림과 강림을 구분하는 것은 안상홍이 자신을 재림주로 넣기 위한 꼼수로 보인다.

고전 15:23 "그러나 각각 자기 차례대로 되리니 먼저는 첫 열매인 그리스도요 다음에는 그가 강림하실 때에 그리스도에게 속한 자요".

살전 4:15-17 "우리 주의 말씀으로 너희에게 이것을 말하노니 주께서 강림하실 때까지 우리 살아남아 있는 자도 자는 자보다 결코 앞서지 못하리니 주께서 호령과 천사장의 소리와 하나님의 나팔 소리로 친히 하늘로부터 강림하시리니 그리스도 안에서 죽은 자들이 먼저 일어나고 그 후에 우리 살아남은 자들도 그들과 함께 구름 속으로 끌어올려 공중에서 주를 영접하게 하시리니 그리하여 우리가 항상 주와 함께 있으리라".

둘째, 재림 시 구름이 나타나고, 강림 시 불꽃으로 따로 나타나는 것이 아니라, 동시에 나타난다.

성경은 예수님이 재림하실 때에 번개의 번쩍임과 불꽃과 큰 호령과 천사의 나팔소리가 동시에 있을 것을 말하고 있다.

　마 24:27 "번개가 동편에서 나서 서편까지 번쩍임 같이 인자의 임함도 그러하리라".

　마 24:31 "그가 큰 나팔소리와 함께 천사들을 보내리니 그들이 그의 택하신 자들을 하늘 이 끝에서 저 끝까지 사방에서 모으리라".

　살전 4:15-17 "우리 주의 말씀으로 너희에게 이것을 말하노니 주께서 강림하실 때까지 우리 살아남아 있는 자도 자는 자보다 결코 앞서지 못하리니 주께서 호령과 천사장의 소리와 하나님의 나팔 소리로 친히 하늘로부터 강림하시리니 그리스도 안에서 죽은 자들이 먼저 일어나고 그 후에 우리 살아남은 자들도 그들과 함께 구름 속으로 끌어올려 공중에서 주를 영접하게 하시리니 그리하여 우리가 항상 주와 함께 있으리라".

　살후 1:7 "환란을 받는 너희에게는 우리와 함께 안식으로 갚으시는 것이 하나님의 공의시니 주 예수께서 자기의 능력과 천사들과 함께 하늘로부터 불꽃 가운데서 나타나실 때에".

셋째, 성경에 재림의 주님은 우주적 사건으로 가시적으로 오시는 것이지, 암행어사처럼 오시는 분이 아니다.

이때에 하늘에서는 호령과 천사들의 나팔소리와 함께 불꽃 중에 예수님이 구름을 타고 강림하시고, 땅에서는 죽은 자들이 부활되며, 살아남은 자들도 영의 몸으로 변화하여 휴거되는 대역사가 일어나는 것이다.

고전 15:51-52 "보라 내가 너희에게 비밀을 말하노니 우리가 다 잠 잘 것이 아니요 마지막 나팔에 순식간에 홀연히 다 변화되리니 나팔 소리가 나매 죽은 자들이 썩지 아니할 것으로 다시 살아나고 우리도 변화되리라".

살전 4:15-17 "우리 주의 말씀으로 너희에게 이것을 말하노니 주께서 강림하실 때까지 우리 살아남아 있는 자도 자는 자보다 결코 앞서지 못하리니 주 께서 호령과 천사장의 소리와 하나님의 나팔 소리로 친히 하늘로부터 강림하시리니 그리스도 안에서 죽은 자들이 먼저 일어나고 그 후에 우 리 살아남은 자들도 그들과 함께 구름 속으로 끌어올려 공중에서 주를 영접하게 하시리니 그리하여 우리가 항상 주와 함께 있으리라".

넷째, 성경에 예수님이 중간에 육을 입고 다시 온다는 말도 없고, 올 필요도 없다.

"이와 같이 그리스도도 많은 사람의 죄를 담당하시려고 단번에 드리신 바 되셨고 구원에 이르게 하기 위해 죄와 상관없이 자기를 바라는 자들에게 두 번째 나타나시리라" (히9:28).

* 하나님의 교회 성부 하나님, 성자 예수님, 성령 하나님, 재림예수 안상홍, 강림예수 안상홍 도표

구약시대	신약시대	재림시대	강림시대
성부 안상홍	성자 안상홍	재림 예수 안상홍 성령 안상홍	강림 예수 안상홍 성령 안상홍

제14문 하나님의 교회는 시한부종말론자들인가?

1988년 종말을 주장했던 하나님의교회

이단들의 특징 가운데 하나가 시한부종말을 주장한다는 것이다. 안식교의 창시자 윌리암 밀러가 1843년과 1844년 두 차례 재림을 예언했다가 불발로 끝이 났고, 여호와의 증인에서는 1889년부터 1968년까지 모두 12차례 세계적 재림을 예언했으나 모두 불발로 끝나고, 지금은 1914년에 영으로 재림하였다고 한다.

하나님의 교회도 마찬가지이다. 지금까지 하나님의 교회는 1988년, 1994년, 1999년, 2012년 모두 네 차례 종말이 온다고 예언하였다.(현대종교, 하나님의 교회의 정체, 46쪽). 그러나 모두 거짓으로 드러났다. 여기에 대해 추궁하면 마태복음 25장의 열처녀비유를 들어 신랑이 더디 오기 때문이라고 둘러댄다.

예수님은 "그 날과 그 때는 아무도 모르나니 하늘의 천사들도 아들도 모르고 오직 아버지만 아시느니라"(마24:36)고 하셨다. 아이러니칼한 것은 이처럼 이들이 인류의 종말을 예언하면서도 내부적으로는 교회건물을 짓거나, 매입하고 있다는 것이다.

경기도 성남시 분당구에 위치한 하나님의 교회 본부 건물은 1999년 9월 1일에 착공해서 2000년 9월 1일에 준공한다고 나와 있다. 이 기간은 1999년의 종말을 예언하던 때이다. 2012년 종말을 이야기할 때에도 내부적으로는 2012년 한 해 동안 국내에만 무려 29곳의 교회건물을 마련하였다.

제 15 문 십자가는 우상인가?

총회장 김주철은 그의 책 "내 양은 내 음성을 듣나니"에서 십자가를 사용하지 말아야할 두 가지 이유를 말하고 있다.

첫째 이유는 십자가는 기독교의 상징이 되기 이전에 이교도들이 사용했기 때문에 우상이라고 주장한다.

"십자가는 그리스도교 생성 이전에 이방인들에 의해 종교적 숭배의 대상으로 사용되어 왔던 것임에 분명합니다. 이외에도 십자가는 이방인들의 사형틀로도 사용되어 왔으며, 로마시대에는 예수님을 죽이는 형틀로도 사용이 될 만큼 처형방법으로 이미 확립되었습니다. 이러한 십자가를 교회의 상징으로 사용하고 있다는 것은 기독교회가 이방종교를 흡수할만큼 타락되어 있다는 사실을 알려주는 것이고, 예수님의 죽음을 조장했던 마귀의 계획에 동참하고 있다는 것을 간접적으로 시사해 주는 가증한 행위라고 말할 수 있습니다" ("내 양은 내 음성을 듣나니", 김주철, 73쪽).

두 번째 이유는 초대교회가 십자가를 사용하지 않았다는 것이다.

"십자가를 종교적 숭배 대상으로 여기고 있는 천주교회나 그리스도에 대한 상징물로 사용하고 있는 개신교에서는 초대교회에서부터 십자가를 사용해 왔던 것으로 오해하고 있는 경우가 많이 있습니다. 그러나 성서 어느 곳에서든지 십자가의 모양을 교회가 세웠다거나 십자가의 문형을 장식물로 삼았던 기록은 찾아 볼 수 없습니다. 역사의 기록을 보면 최초로 예배당 안이나 기도실 등에 십자가를 세웠던 것은 A,D 431년의 일이고, A,D 586년에 가서야 예배당 꼭대기에 십자가를 세워두었던 것으로 보아 그리스도교가 이교도들의 종교의식을 흡수하고 난 이후에 생겨난 신앙의 풍습임을 알 수 있습니다" (위의 책, 75쪽).

그들은 전도할 때, 다음과 같은 십자가 설문지로 유혹한다.
* 하나님의 교회 설문지

---

* 도시의 수많은 십자가에 대한 비 기독교인들의 부정적인 견해에 대하여 어떻게 생각하십니까?

　① 십자가 없이는 구원도 없으므로 당연히 세워야 한다.

　② 교회 건물의 상징이므로 세워야 한다.

　③ 십자가는 꼭 필요하지만 소박하게 세워야 한다.

　④ 십자가를 세우는 것은 우상숭배다.

* 교회의 십자가가 마귀를 쫓아내거나 재앙을 물리칠 수 있다고 생각하십니까?

　① 그렇다 ② 그렇지 않다 ③ 그럴 수도 있다 ④ 잘 모르겠다.

▶ 비판

첫째, 십자가가 없는 안상홍 하나님을 믿는 하나님의 교회에서 십자가를 논할 자격이 없다.

당연히 그들에게는 십자가를 세울 자격이 없는 것이다.

둘째, 십자가는 숭배의 대상이 아니라, 상징(Symbol)이다.

국가를 상징하는 국기가 있고, 각 단체에는 자신의 마크가 있다. 마찬가지로 십자가는 기독교의 심볼로 그 역할을 훌륭히 감당하고 있는 것이다.

제16문 크리스마스는 지켜서는 안 되는 날인가?

하나님의 교회에서는 크리스마스가 이교도의 축일에서 왔다며 지키지 않는다. 그들은 설문조사에서 이렇게 질문하여 기성 교인들을 미혹하고 있다.

* 하나님의 교회 설문지

> * 기독교의 가장 큰 축제인 12월 25일은 어떤 종교에서 유래되었을까요?
>   ① 로마 태양신교 ② 힌두교 ③ 기독교 ④ 유대교
>
> * 성탄절은 세계적인 축제일입니다. 예수님께서 탄생하신 계절에 대하여 알고 계십니까?
>   ① 봄 ② 여름 ③ 가을 ④ 겨울 ⑤ 모르겠다.

이들은 이렇게 질문하여 대답을 하지 못하면 크리스마스는 로마 태양신교에서 유래되었으므로, 이를 지키는 것은 우상숭배라고 말한다. 그리고 성탄 계절은 12월 25일 아니라, 초봄이라고 말한다. 아마도 이

들이 이렇게 주장하는 것은 안상홍이 초봄에 침례를 받은 것과 일치시키기 위함인 것으로 보인다.

▶ 비판
첫째, 예수님의 성탄일에 대하여 세 가지 견해가 있다.

첫째 설은 초봄설이다.

이는 예수님이 33년 6개월을 사셨고, 초봄인 유월절에 돌아가셨다는 계산에서 나온 것이다.

둘째 설은 12월 25일설이다.

12월 25일로 성탄절을 최초로 정한 인물은 히폴리투스로 추정한다.

그는 수태로부터 십자가의 처형에 이르기까지 예수님의 생애는 정확히 33년이며, 이 두 사건(수태와 죽음)들은 3월 15일에 발생했다고 하는 확신을 가지고 있었다. 이와 같은 근거로 수태로부터 아홉 달을 계산하면, 그리스도의 생일이 12월 25일이 된다. 이렇게 12월 25일을 교회 절기로 인정하였다는 기록이 필로칼루스력(歷)에 나온다. A.D 354년 리베리우스(Liverius) 교황 때부터 12월 25일을 성탄절로 정하여 지키기 시작하였다.

세 번째는 1월 7일설이다.

1월 7일을 예수님의 출생일이요 수세일로 결정되었으며, 4세기 초엽부터 카톨릭 신자들에 의해 성수되었다. 지금도 동방정교회에서는 1월 7일을 성탄절로 지키고 있다.

둘째, 날짜가 중요하지 않다.

크리스마스는 그리스도(christ)와 미사(mass)의 합성어로 "예수님을 예배하는 날"이라는 뜻이다. 사실 예수님의 정확한 탄생일은 아무도 모른다. 지금도 서방교회는 12월 25일을 성탄절로 지키고 있으나, 동방교회는 1월 7일을 성탄절로 지키고 있다.

영국의 청교도나 미국에 건너간 청교도들과 장로교에서도 한 때 크리스마스를 금지하기도 하였다. 그러나 우리가 그리스도의 탄생을 기념하는 그날이 이교도의 축일이라고 해서 우리가 이교도를 축하하는 것이 아니라, 예수님을 축하하는 것이다. 오히려 이교도의 축일을 그리스도의 축일로 바꾼 것은 이교문화를 기독교문화로 바꾼 적극적인 문화선교정책이라고 본다. 지금 일요일을 태양신을 숭배하는 날이라고 하여 예배하지 않고, 토요일은 토성신을 숭배하는 날이라고 하여 예배하지 않는다면 예배할 날이 없을 것이다.

제17문 생명책은 하나님의 교회에만 있는가?

하나님의 교회는 생명책이 있다고 한다. 생명책이 하늘에 있듯이 지상에도 있어야 하고, 이 생명책에 이름이 기록이 되어야 구원을 받고, 이 생명책이 있는 곳이 참 교회라고 한다. 하나님의 교회에서는 침례를 받으면 생명번호를 부여받는다. 이 생명번호가 있는 자가 교회의 출입이 가능하며, 홈페이지 내부 진입이 가능하다.

생명번호는 주민등록번호 체계와 흡사하며, 다음과 같이 구성되어 있다.

* 단위(소속 연합)-년/월/일-성별구분(남자 1, 여자 2)-해당 년에 침례 받은 수서

▶ 비판

첫째, 그 생명책이 진짜 생명책이요, 그곳에 이름이 없는 사람은 구원 받을 수 없다고 한다면, 지금까지 구원 받은 사람의 이름이 다 기록되어 있어야 할 것이다.

둘째, 예수님은 70인전도자들에게 "너희 이름이 하늘에 기록된 것으로 기뻐하라"(눅 10:20)고 하셨고, 십자가에서 운명하면서도 한편 강도를 구원하였다(눅 23:43). 바울 사도는 빌 4:3절에서 "나와 함께 힘쓰던 저 여인들을 돕고 또한 글레멘드와

그 외에 나의 동역자들을 도우라 그 이름들이 생명책에 있느
니라"고 하였다. 하나님의 교회 생명책이 진짜라면 70인전도
대의 이름과 한편 강도의 이름과 바울을 도운 여인들의 이름과
동역자들의 이름이 기록되어 있을 것이다. 그 이름을 말할 수
있는가? 그리고 그 생명책은 6,000년 전부터 있었는가? 그렇
지 않다면 가짜일 것이다.

셋째, 하나님의 교회에 있는 책은 교인명부에 지나지 않는다.

제 18 문 안상홍의 이름으로 세례를 주고, 안상홍의 이름으로 기도하라고 하였는가?

안상홍은 자신을 하나님으로 만들기 위해 "새 이름교리"를 만들었다. 구약시대의 하나님의 이름은 여호와이며, 신약시대의 하나님의 이름은 예수이며, 종말시대의 하나님의 이름은 안상홍이라는 것이다. 이렇게 하나님의 이름이 다르게 나타나기때문에 기도할 때도 그 시대에 따라 하나님의 이름을 다르게 불러야 한다는 것이다. 당연히 지금의 하나님의 이름은 안상홍이므로 안상홍의 이름으로 세례를 주고, 안상홍의 이름으로 기도해야 한다는 것이다.

하나님의 교회에서는 마 28:19절의 "아버지와 아들과 성령의 이름으로 세례를 베풀고"하신 말씀을 따라, 아버지와 아들과 성령의 이름이 안상홍이므로 안상홍 이름으로 세례를 주고 있다.

또한 하나님의 교회는 예배를 마칠 때 이런 자체기도문을 읽는다.

"하늘에 계신 아버지 안상홍님, 아버지께서 강림하실 날은 임박하였사오나 우리들은 아무 준비도 없사오니 아버지여 우리를 거듭나게 하사 아버지 강림하실 날에 부족함 없이 영접하게 하여 주시옵소서.
그리스도 안상홍님 이름으로 간구하옵나이다. 아멘."

또 그들은 찬송가의 가사를 개사하여 이렇게 찬송하고 있다.

* 79장 "주 하나님 지으신 모든 세계"
  안상홍님 지으신 모든 세계 내 마음 속에 그리어볼 때
  하늘의 별 울려퍼지는 뇌성 아버지 권능 우주에 찼네.
  하나님 높고 위대하심을 내 영혼이 찬양하네.
  하나님 높고 위대하심을 내 영혼이 찬양하네.

* 268장 "죄에서 자유를 얻게 함은"
  죄에서 자유를 얻으려면 안상홍님을 믿으시오.
  시험을 이기는 승리되니 참놀라운 능력이로다.
  안상홍님 능력크도다 그 말씀 믿으오.
  생명주신 유월절언약 매우 귀중한 증걸세.

* 197장 "은혜가 풍성한 하나님은"
  은혜가 풍성한 하나님은 믿는 자 한 사람 한 사람
  어제나 오늘도 언제든지 변찮고 보호하시도다.
  성령 안상홍 하나님을 오늘도 사랑케 하소서.
  성령의 뜨거운 불길로써 오늘도 충만케 하소서.

* 하나님의 교회 샛별 선교원노래
  십자가 세우지 마세요 일요일도 거짓말이예요.

우리는 이 세상 교회 없는 어머니도 있죠.

우리의 구원자 안상홍님도 계신답니다.

안/상/홍/님/ 믿어야 하늘나라 가죠.

▶ 비판

첫째, 여호와는 "스스로 계신 자"라는 뜻으로 성부만 아니라, 성자 예수님도 성령 하나님도 스스로 계신 자이며, 예수님에게도 여호와라고 불렀다.

"외치는 자의 소리여 이르되 너희는 광야에서 여호와(예수님)의 길을 예비하라 사막에서 우리 하나님의 대로를 평탄케 하라" (사 40;3).

둘째, 성경에 안성홍의 이름이 아니라 예수님의 이름으로 기도하라고 하였다.

"내 이름으로 무엇이든지 내게 구하면 내가 행하리라" (요 14:14).

셋째, 안상홍이 우리를 위해 십자가에 못 박힌 것이 아니라, 예수 그리스도께서 십자가를 지셨으니, 당연히 예수의 이름으로 세례를 받아야 한다.

"그리스도께서 어찌 나뉘었느냐 바울이 너희를 위하여 십자가에 못 박혔으며 바울의 이름으로 너희가 세례를 받았느냐" (고전 1:13).

넷째, 예수님은 아버지와 아들과 성령의 이름으로 세례를 주라고 했다.

하나님의 교회는 안상홍이 아버지도 되고, 아들도 되고, 성령도 된
다고 하나, 그런 내용은 망령된 이야기요, 성경이 아니다.

"그러므로 너희는 가서 모든 민족을 제자로 삼아 아버지와 아들과
성령의 이름으로 세례를 베풀고" (마28:19).

제19문 동방의 의인은 안상홍인가?

이사야서를 보면 동방에서 한 사람을 일으킬 것을 예언하고 있다.

"그러므로 너희가 동방에서 여호와를 영화롭게 하며 바다 모든 섬에서 이스라엘 하나님 여호와의 이름을 영화롭게 할 것이라"(사 24:15).

"섬들아 내 앞에 잠잠하라 민족들아 힘을 새롭게 하라 가까이 나아오라 그리고 말하라 우리가 가까이 하여 서로 변론하자 누가 동방에서 사람을 일으키며 의로 불러서 자기 발 앞에 이르게 하겠느뇨 열국으로 그 앞에 굴복케 하며 그로 왕들을 치리하게 하되 그들로 그의 칼에 티끌 같게 그의 활에 불리는 초개 같게 하며"(사 41:1~2).

"내가 동방에서 독수리를 부르며 먼 나라에서 나의 모략을 이룰 사람을 부를 것이라 내가 말하였은즉 정녕 이룰 것이요 경영하였은즉 정녕 행하리라"(사 46:11).

이단들은 여기에 나오는 "동방의 한 사람"이 바로 자신이라고 주장하고 있다. 전도관 박태선이 자신이 동방의 의인이요, 통일교의 문선명, 엘리야복음선교원의 박명호, 하나님의 교회 안상홍이 바로 그들이다.

▶ 비판

첫째, 성경에서 말하는 동방은 한국이 아니다.

팔레스틴에서 동방, 해 돋는 곳은 한국이 아니라, 요단과 아라비아와 바벨론과 페르시야 땅을 말한다.

"이에 그들이 동방으로 옮기다가 동방사람의 땅에 이르러" (창 11:2).

"동방 온 아라바를 점령하고" (수 12:1).

"동방의 경계는 요단이니" (수 18:20).

둘째, 동방의 의인은 이스라엘을 포로에서 해방시킬 고레스 왕을 가리키는 것이다.

"고레스에 대하여는 이르기를 내 목자라 그가 나의 모든 기쁨을 성취하리라 하며 예루살렘에 대하여는 이르기를 중건되리라 하며 성전에 대하여는 네 기초가 놓여지리라 하는 자니라" (사 44:28).

"여호와께서 그의 기름 부음을 받은 고레스에게 이같이 말씀하시되 내가 그의 오른손을 붙들고 그 앞에 열국을 항복하게 하며 내가 왕들의 허리를 풀어 그 앞에 문들을 열고 성문들이 닫히지 못하게 하리라 내가 너보다 앞서 가서 험한 곳을 평탄하게 하며 놋문을 쳐서 부수며 쇠빗장을 꺾고 네게 흑암 중의 보화와 은밀한 곳에 숨은 재물을 주어 네 이름을 부르는 자가 나 여호와 이스라엘의 하나님인 줄을 네가 알게 하리라" (사 45:1~3).

하나님은 이 예언대로 고레스로 하여금 바벨론을 쳐서 부수게 하시고, 고레스 원년에 포로해방령을 내린 것이다.

"바사왕 고레스 왕 원년에 여호와께서 예레미야의 입으로 하신 말씀을 이루시려고 여호와께서 바사의 고레스 왕의 마음을 감동시키시매 그가 온 나라에 공포도 하고 조서도 내려 이르되 바사 왕 고레스가 이 같이 말하노니 하늘의 신 여호와께서 세상 만국을 내게 주셨고 나에게 명령하여 유다 예루살렘에 성전을 건축하라 하셨나니 너희 중에 그의 백성 된 자는 다 올라갈지어다 너희 하나님 여호와께서 함께 하시기를 원하노라 하였더라" (역대하 36:22~23).

제 20 문 예배 시 수건을 써야만 하는가?

안상홍 하나님의 교회는 고전 11:2~15을 근거로 예배드릴 때에 수건을 쓰고 있다. 성경은 이렇게 말하고 있다.

"너희가 모든 일에 나를 기억하고 또 내가 너희에게 전하여 준 대로 그 전통을 너희가 지키므로 너희를 칭찬하노라. 그러나 나는 너희가 알기를 원하노니 각 남자의 머리는 그리스도요 여자의 머리는 남자요 그리스도의 머리는 하나님이시라 무릇 남자로서 머리에 무엇을 쓰고 기도나 예언을 하는 자는 그 머리를 욕되게 하는 것이요 무릇 여자로서 머리에 쓴 것을 벗고 기도나 예언을 하는 자는 그 머리를 욕되게 하는 것이니 이는 머리를 민 것과 다름이 없음이라. 만일 여자가 머리를 가리지 않거든 깎을 것이요 만일 깎거나 미는 것이 여자에게 부끄러움이 되거든 가릴지니라.

남자는 하나님의 형상과 영광이니 그 머리를 마땅히 가지지 않거니와 여자는 남자의 영광이니라. 남자가 여자에게서 난 것이 아니요 여자가 남자에게서 났으며 또 남자가 여자를 위하여 지음을 받지 아니하고 여자가 남자를 위하여 지음을 받은 것이니 그러므로 여자는 천사들로 말미암아 권세 아래에 있는 표를 그 머리 위에 둘지니라. 그러나 주 안에는 남자 없이 여자만 있지 않고 여자 없이 남자만 있지 아니하니라. 이는 여자가 남자에게서 난 것 같이 남자도 여자로 말미암아 났음이

라. 그리고 모든 것은 하나님에게서 났느니라.

너희는 스스로 판단하라 여자가 머리를 가리지 않고 하나님께 기도하는 것이 마땅하냐. 만일 남자에게 긴 머리가 있으면 자기에게 부끄러움이 되는 것을 본성이 너희에게 가르치지 아니하느냐. 만일 여자가 긴 머리가 있으면 자기에게 영광이 되나니 긴 머리는 가리는 것을 대신하여 주셨기 때문이니라. 논쟁하려는 생각을 가진 자가 있을 지라도 우리에게나 하나님의 모든 교회에는 이런 관례가 없느니라".

▶ 비판
첫째, 머리에 수건을 쓰는 것은 전통이지 계명이 아니다.

전통과 유전은 따를 수도 있고, 따르지 않을 수도 있다. 그러나 계명은 반드시 따라야 한다. 유대인들은 지금도 모든 남녀가 '탈릿'이라는 기도쇼울을 쓰고 기도 한다. 그리고 바울 당시 헬라와 근동 지방의 여인들은 공적인 모임에서만이 아니라 평상시에도 '야쉬막'이라는 수건을 썼다. 이는 자신이 남자의 권위 아래 놓인 존재라는 의미를 갖고 있다. 다만 창기들은 이 야쉬막을 쓰지 않았다고 한다.

지금도 이슬람 여인들은 차도르나 히잡을 쓰고 있다. 이는 그 지방과 문화의 전통이지 계명은 아닌 것이다.

바울은 고린도교회에 편지하면서 결혼문제를 말할 때에는 "이 말을 함은 허락이요 명령은 아니라"(고전 7:6)고 하였고, 12절에서는 "이는 주의 명령이라"고 했다. 명령은 반드시 지켜야 하나, 유전이나 이방인의 전통은 지킬 수도 있고, 지키지 않을 수도 있다.

둘째, 당시 관습에서 여자가 머리를 깎는 것은 부끄러운 것이었다.

당시 관습에서 여자가 머리를 깎는 경우는 두 가지가 있었다고 한다. 애통이나 슬픔을 표시할 때 머리를 깎았고(신 21:12), 다음은 간음죄를 범했을 때 머리를 깎았다. 매춘부들은 짧은 머리를 갖고 있었다고 한다 (강병도 주석).

그러기에 여자가 머리를 길게 하는 것은 여자의 권위와 명예를 드러내는 것이기에 머리를 길게 기르거나, 아니면 너울을 쓰도록 권면한 것이다.

셋째, 긴 머리는 수건 쓰는 것과 같다고 하였다.

"긴 머리는 가리는 것을 대신하여 주셨기 때문이니라" (고전 11:15).

제21문 안식일이 "주의 날"인가?

안식교나 하나님의 교회 사람들은 "주일은 주일(일요일)이 아니라 안식일이라"고 주장한다. 그들이 이렇게 주장하는 근거는 예수님이 "인자는 안식일의 주인이니라"(마 12:8)고 하셨다는 것이다. 그래서 계 1:10절의 "주의 날"도 주일이 아니라, 안식일이라고 주장한다.

▶ 비판
첫째, 예수님이 "안식일의 주인"이라는 말은 안식일 한 날의 주인이라는 말이 아니라, 안식일을 완성하신 주인이라는 말이다.

구약의 안식일은 예수님의 그림자라고 하였다. 예수님께서 오셔서 안식을 완성하실 그림자였던 것이다. 구약의 안식일은 육신만 쉬는 반쪽 안식이었다. 그러나 예수님이 오셔서 속죄의 사역을 이루심으로 영과 육이 안식을 얻는 안식의 완성이 이루어진 것이다. 그러므로 다시는 안식일을 가지고 비판하지 말라고 한 것이다.

"그러므로 먹고 마시는 것과 절기나 초하루나 안식일을 이유로 누구든지 너희를 비판하지 못하게 하라. 이것들은 장래 일의 그림자나 몸은 그리스도의 것이니라"(골2:16~17).

둘째, 예수님이 안식 후 첫날(주일)에 부활하시고(요20:1), 그 날에

제자들에게 찾아오시고 (요20:19), 다시 여드레를 지나 안식 후 첫날(주일)에 도마에게 찾아오심으로(요 20:27) 자연히 제자들은 이 날을 "주의 날"(The Lord's Day)로 부르게 되었고(계 1:10), 그날에 모여 떡을 떼며(행 20:7), 예배하고 헌금하였던 것이다 (고전 16:2).

"그 주간의 첫날에 우리가 떡을 떼려하여 모였더니 바울이 이튿날 떠나고자 하여 그들에게 강론할 새 말을 밤중까지 계속하매" (행 20:7).
"매주 첫날에 너희 각 사람이 수입에 따라 모아 두어서 내가 갈 때에 연보를 하지 않게 하라" (고전 16:2).

셋째, 속사도 시대 때에도 안식 후 첫날을 "주의 날"로 부른 기록이 있다.

A.D 70~80년에 쓰여진 바나바서신 15절에는 왜 주일에 예배해야되는 지에 대하여 이렇게 기록하고 있다.

"그런 이유로 우리 또한 여드레째 날(주일)을 즐기는 날로 지키니, 그 날에 또한 예수께서 죽은 자 가운데서 일어나 하늘로 올라가심이 명백히 보였음이라".

이 외에도 A.D 107년에 베드로의 후계자로 알려진 안디옥교회 감독 익나티우스(Ignthius)는 그의 서신 "마그네시아인들에게"(To the Magnsians)서 이렇게 적고 있다.

"잘못된 가르침이나 오래된 이야기로 인해 미혹을 당하지 않도록 하십시오. 우리가 아직 유대주의의 관심을 계속 지킨다면 우리가 은혜를 받지 못했음을 드러내는 것이 될 것입니다. 옛 관심에 따라 살던 사람들이 이제는 새로운 소망에 이르게 되었습니다. 그들은 이제 안식일을 지키지 않고, 주님의 날에 의해 살게 되었습니다. 그 날에 그들의 생명과 우리의 생명이 빛을 발하게 되었습니다. 나쁜 누룩을 피하십시오".

안상홍, 하나님의 교회에 묻는 21가지 질문

2020년 1월 24일 발행

저자 | 신 원 호
발 행 인 | 최 칠 순
발 행 처 | 광일인쇄 출판사 (301-2010-229)
등록번호 | 979-11-957500-3-0
주소 | 서울특별시 중구 을지로 20길 24-11
전화 | 02-2277-4942
가격 | 5,000원